Circle the picture that is the **same** as the first one.

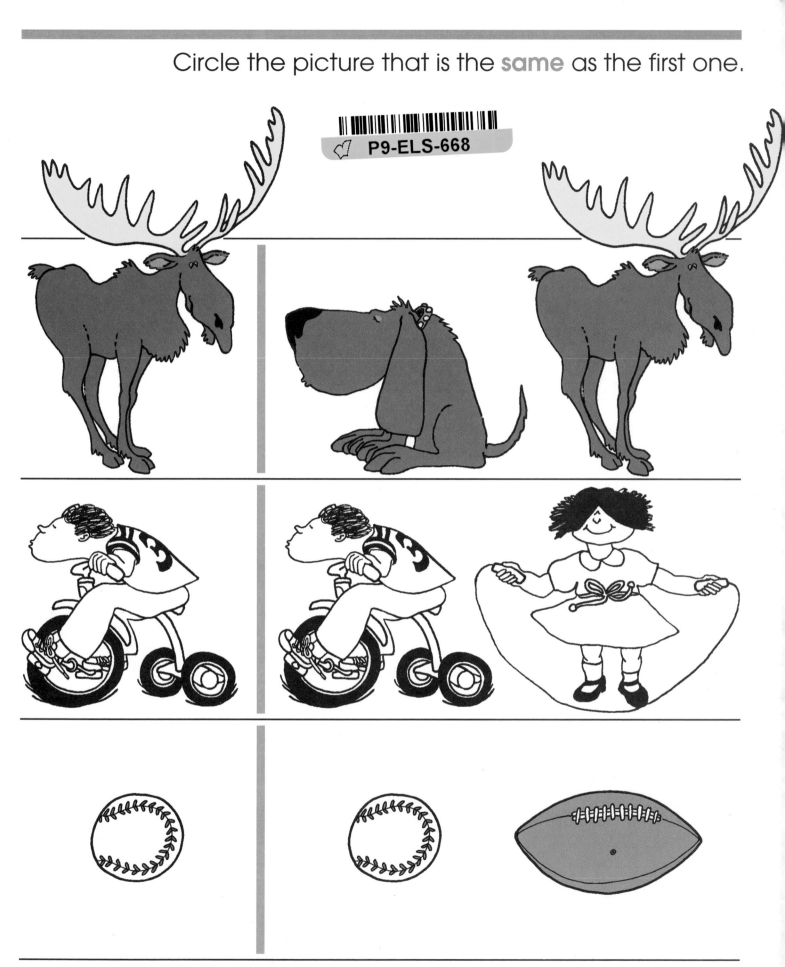

Circle the picture that is the **same** as the first one.

School Zone® Publishing Company

Circle the picture that is the **same** as the first one.

Circle the **2** that are the **same**.

Circle the **2** that are the **same** in each group.

School Zone® Publishing Company

Circle the **2** that are the **same**.

Circle the **2** that are the **same** in each group.

Circle the **2** that are the **same**.

Circle the **2** that are the **same** in each group.

6

Circle the **2** that are the **same**.

Circle the **2** that are the **same** in each group.

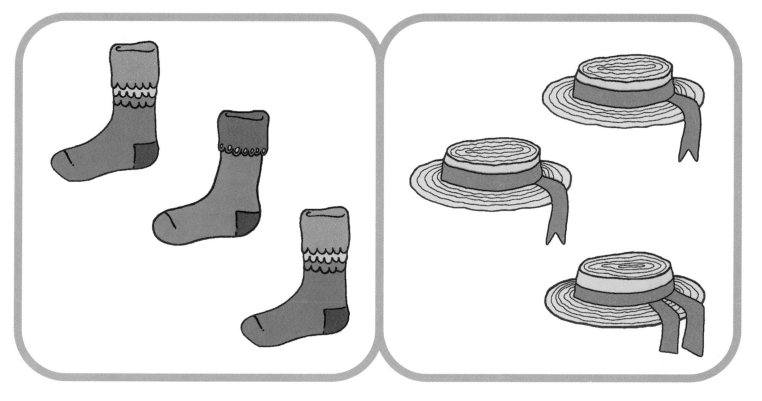

Circle the picture that is the **same size** as the first one.

School Zone® Publishing Company

Circle the picture that is the **same size** as the first one.

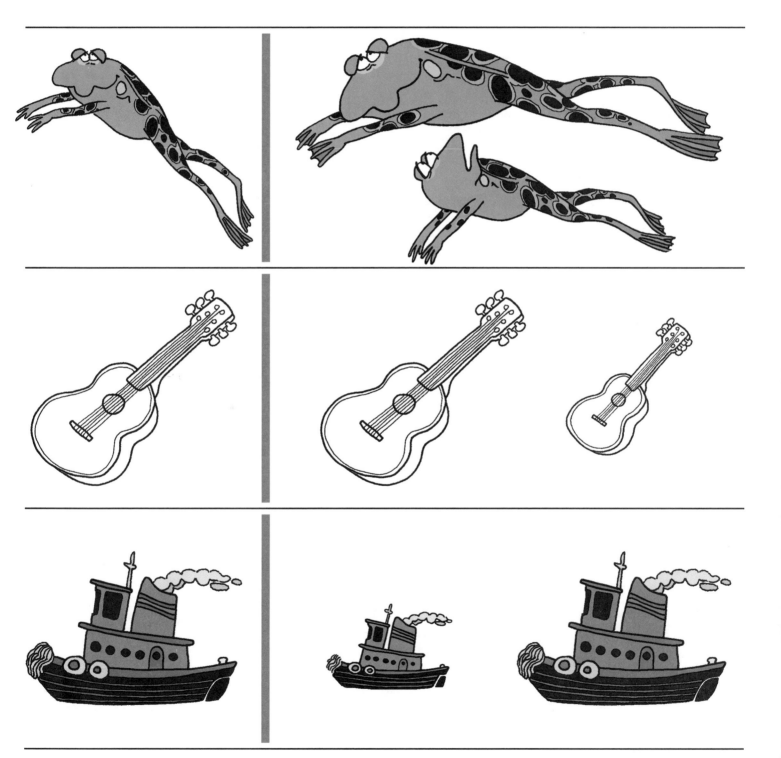

Circle the picture that is the **same** as the first one.

Circle the picture that is the **same** as the first one.

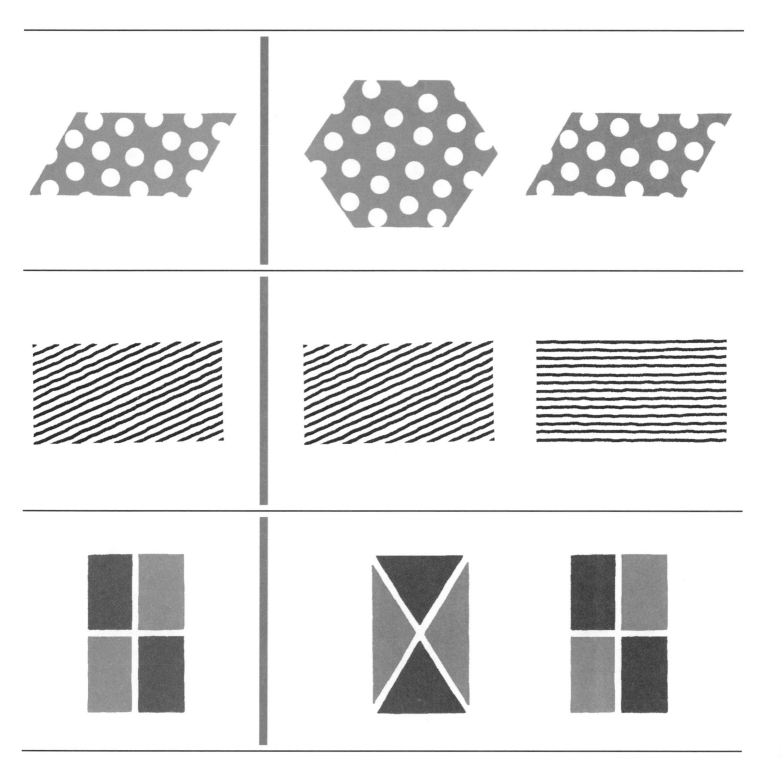

Circle the picture that is the **same** as the first one.

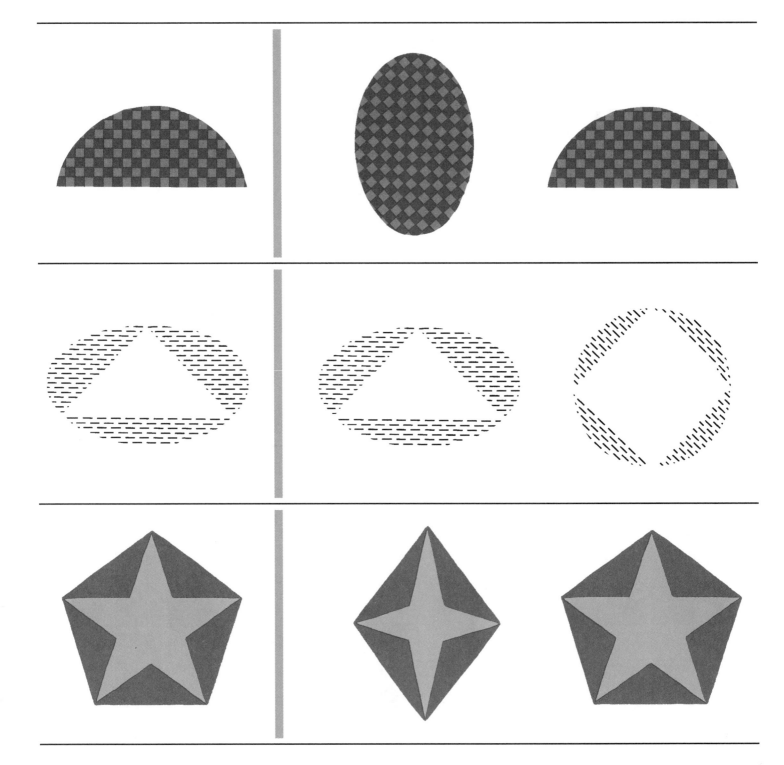

Circle the letters that are the **same** as the first two.

AC	FG AC
BB	BB OO
DE	EE DE
KL	KK KL

Circle the letters that are the **same** as the first two.

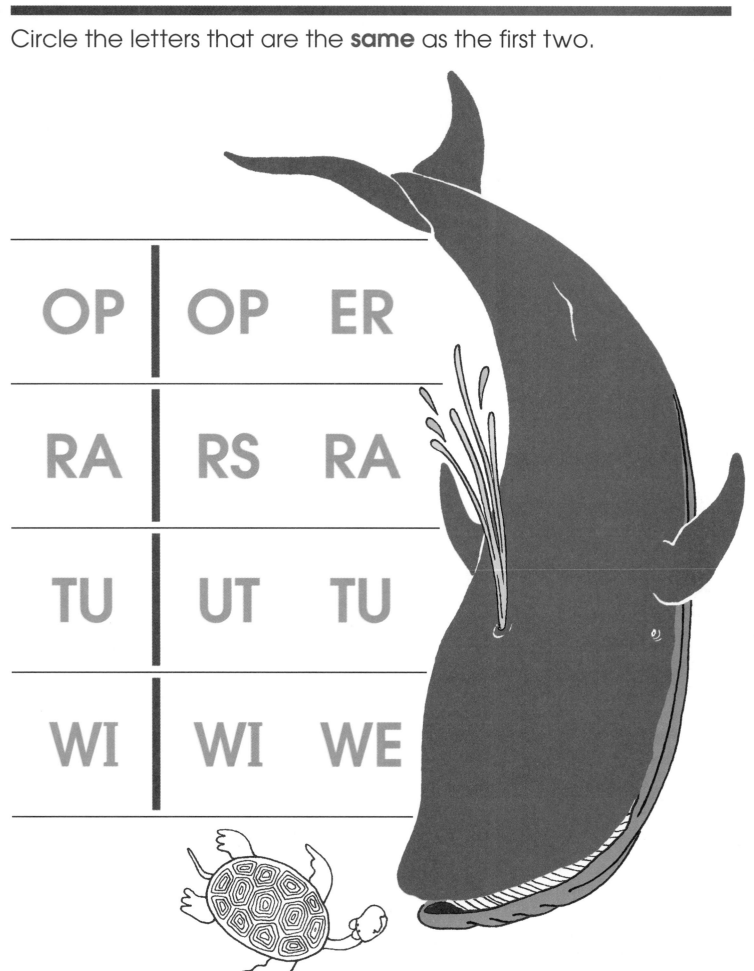

OP	OP	ER
RA	RS	RA
TU	UT	TU
WI	WI	WE

14

Circle the letters that are the **same** as the first two.

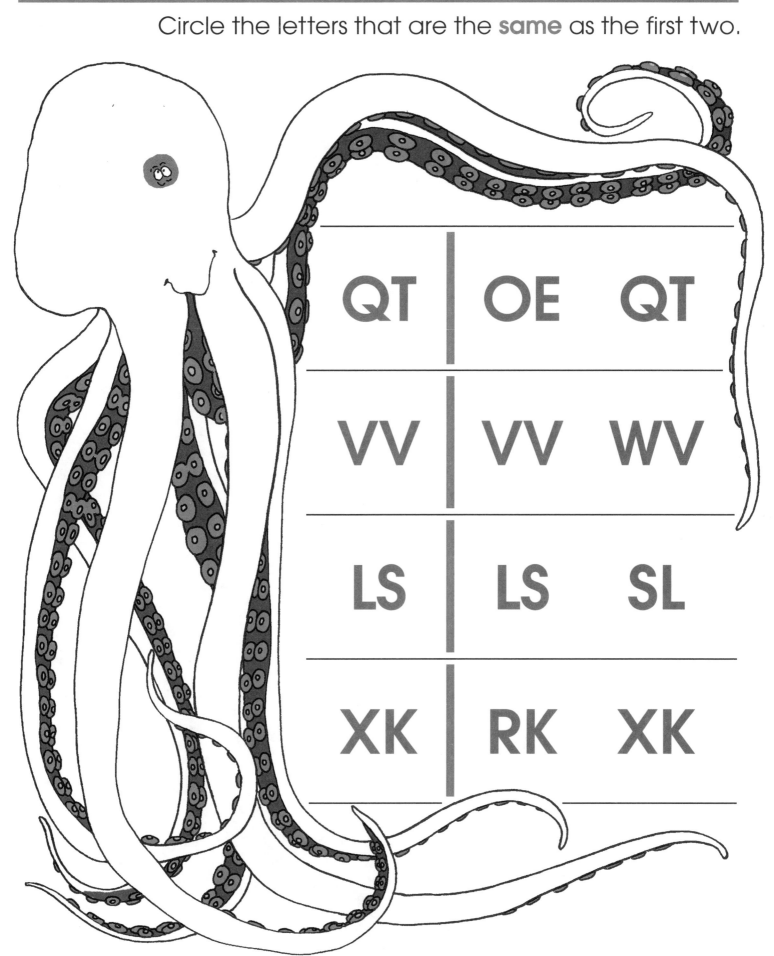

QT	OE	QT
VV	VV	WV
LS	LS	SL
XK	RK	XK

Circle the word that is the same as the first word.

IN	GO IN
RUN	LET RUN
SEE	SEE CAT
DO	BE DO

Circle the picture that is **different**.

Circle the picture that is **different**.

School Zone® Publishing Company

Circle the picture that is **different**.

Circle the picture that is **different**.

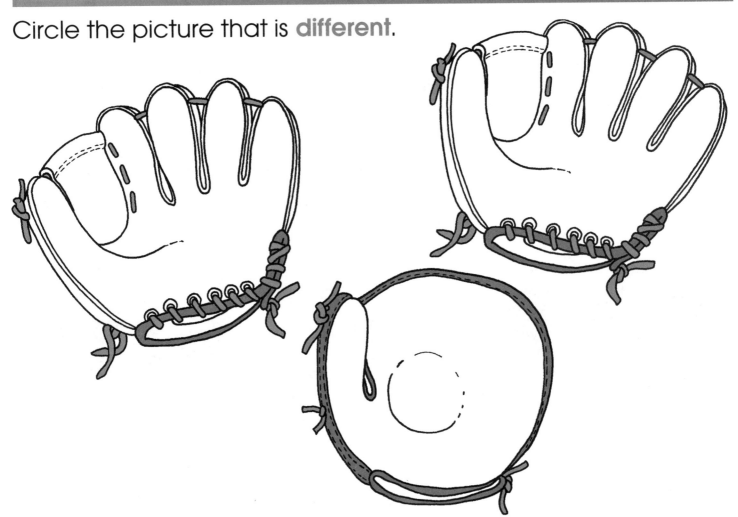

Circle the picture that is **different** in each group.

Circle the picture that is **different**.

Circle the picture that is **different** in each group.

Circle the picture that is **different**.

Circle the picture that is **different** in each group.

Circle the picture that is **different**.

Circle the picture that is **different** in each group.

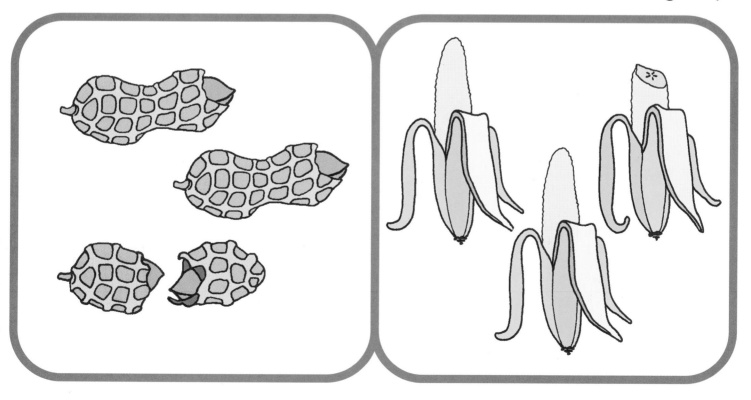

Circle the picture that is a **different size**.

Circle the picture that is a different size.

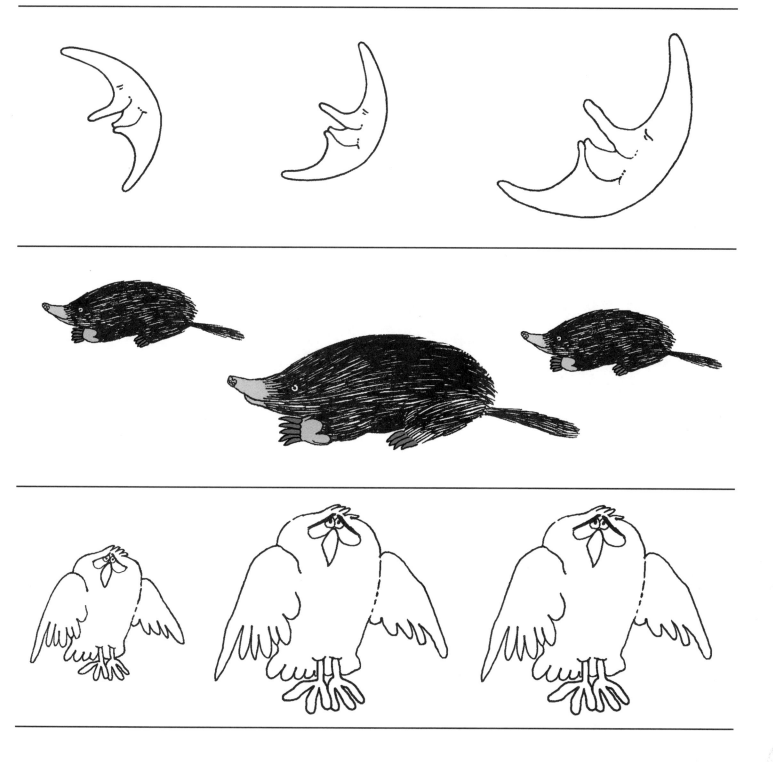

Circle the picture that is different.

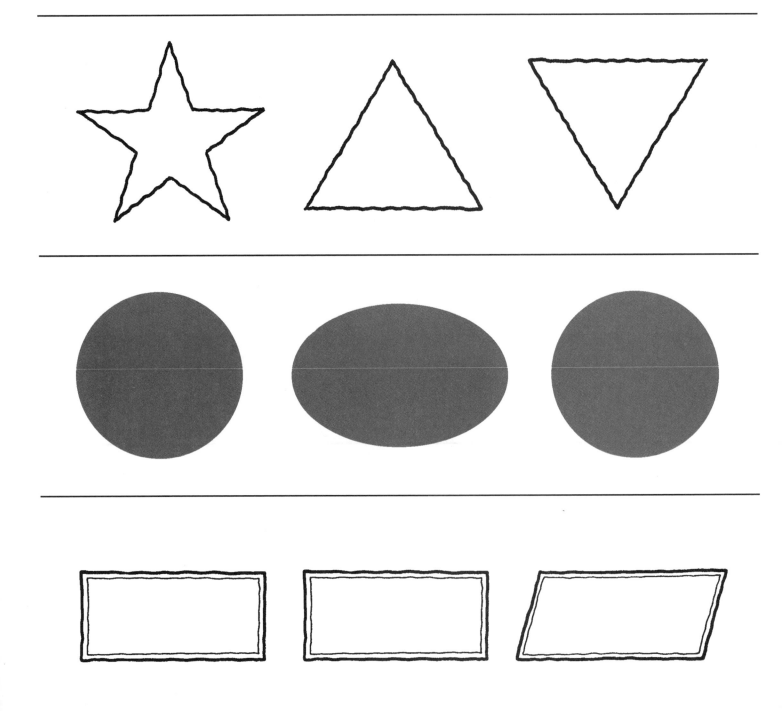

Circle the picture that is **different**.

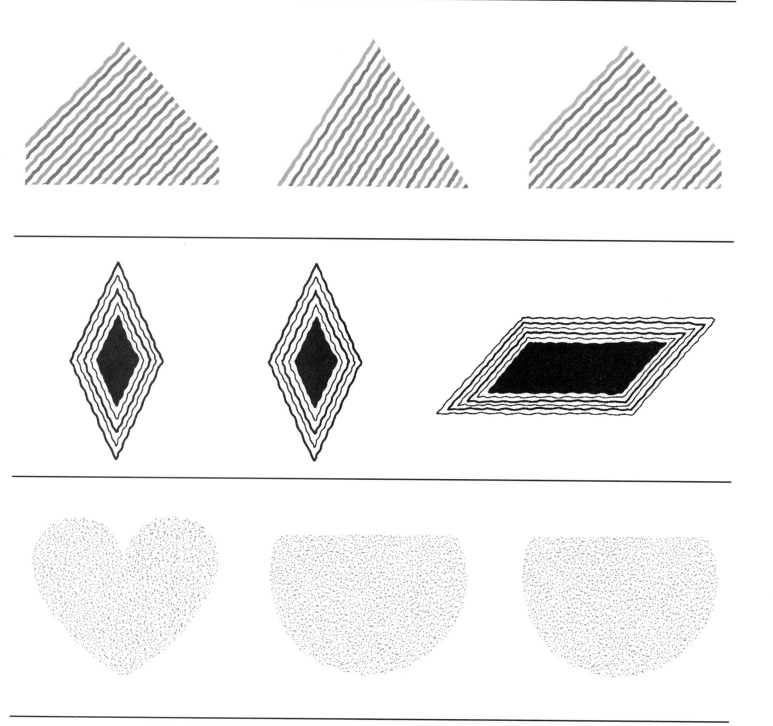

Circle the picture that is **different**.

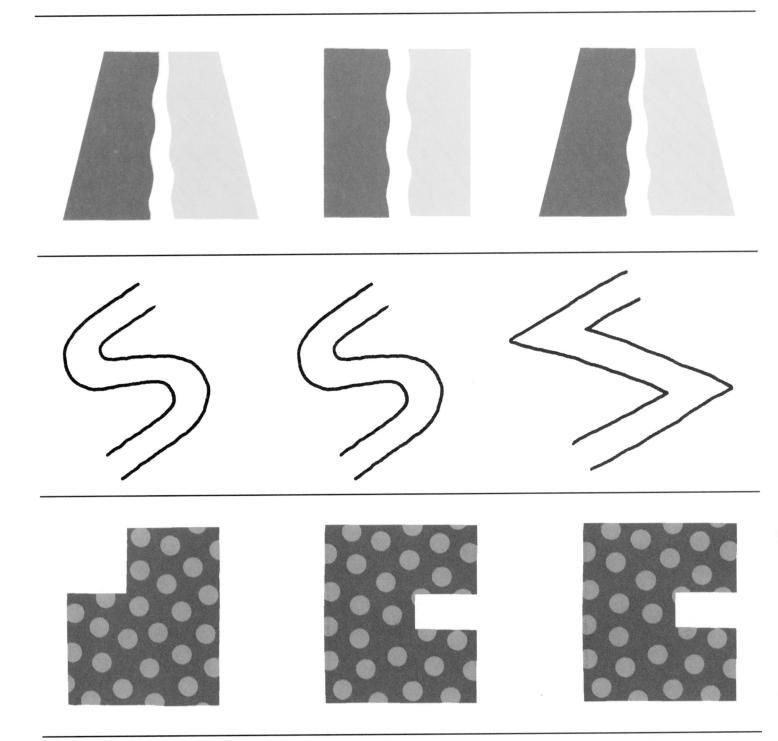

Circle the letters that are **different**.

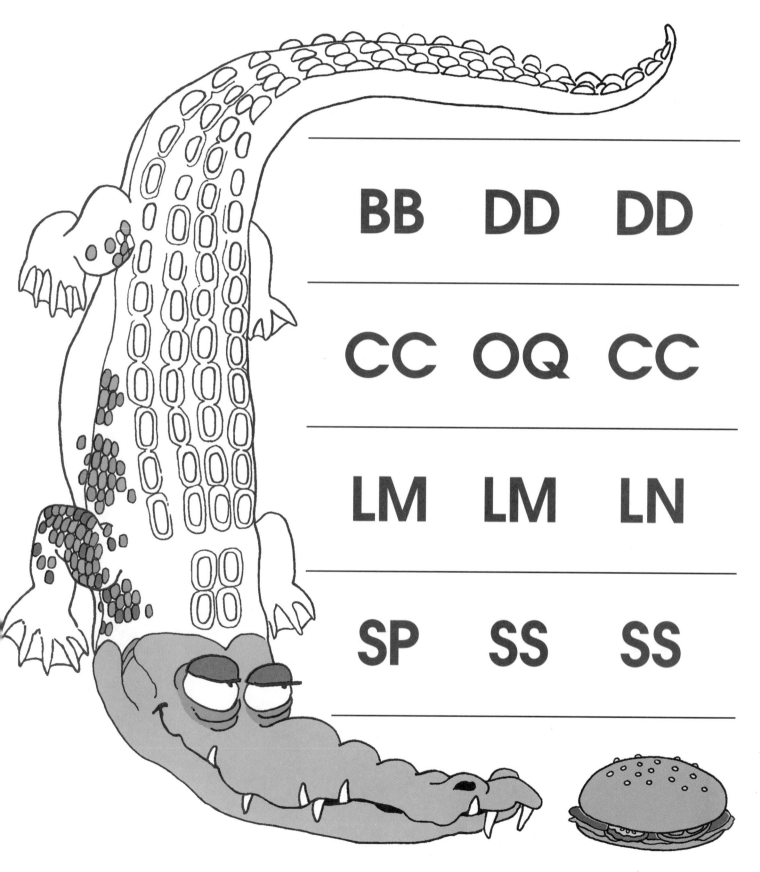

BB   DD   DD

CC   OQ   CC

LM   LM   LN

SP   SS   SS

Circle the letters that are **different**.

YE   VY   YE

IJ   JJ   JJ

FF   FF   FE

GH   GA   GH

Circle the letters that are **different**.

II   IH   II

MN MN NN

UJ VJ VJ

AZ AN AZ

Circle the word that is **different**.

GO   GO   IF

DOG   DID   DOG

ALL   ALL   BUT

WHO   SHE   WHO

School Zone® Publishing Company **02052**